JORGE POZO SORIANO

LOS MÁRGENES REMOTOS

JORGE POZO SORIANO

LOS MÁRGENES REMOTOS

XXII PREMIO NACIONAL DE POESÍA
«CIEGA DE MANZANARES» 2023

AYUNTAMIENTO DE MANZANARES

HUERGA & FIERRO editores

Un jurado presidido por D. Antonio Hernández Ramírez, Premio Nacional de Poesía, 2014, integrado por D. Cristóbal López de la Manzanara Cano, poeta y escritor, y por D. Manuel Laespada Vizcaíno, poeta y escritor, y actuando como secretario D. Manuel Alises Simón, Técnico de Cultura del Excmo. Ayuntamiento de Manzanares, otorgó por unanimidad, el XXII Premio Nacional de Poesía "Ciega de Manzanares", patrocinado por el Excmo. Ayuntamiento de Manzanares, al libro titulado: LOS MÁRGENES REMOTOS. Una vez abierta la plica, resultó ser su autor D. Jorge Pozo Soriano

HUERGA Y FIERRO EDITORES, S. L. U.
C/ SEBASTIÁN HERRERA, 9
28012 MADRID (ESPAÑA)
TELÉFONO: 91 467 63 61
E. MAIL: huerga@huergayfierro.com
WEB: www.huergayfierro.com

PRIMERA EDICIÓN
2024

DEPÓSITO LEGAL: M-23146-2024 - I. S. B. N.: 978-84-128971-9-7
IMPRESO EN ROMADAC INDUSTRIA DEL LIBRO
IMPRESO EN ESPAÑA

Prólogo

LOS MÁRGENES SIN MÁRGENES DE JORGE POZO SORIANO

Que Jorge Pozo Soriano surgió a la poesía para quedarse ya no lo duda nadie. Llegó tímidamente, casi de puntillas, indeciso al principio, consciente de su extrema juventud. Sin embargo, no tardó su obra en despertar la admiración y el asombro entre quienes lo leían. Tal es así que todos sus libros, los cuatro que ha escrito hasta el momento, han sido galardonados en prestigiosos certámenes, lo cual nos da una idea exacta de la magnitud de su poesía. El libro ESCRITO BAJO LAS UÑAS *recibió el Premio Internacional de Poesía "Antonio Gala" de Alhaurín el Grande;* HOGARES IMPROPIOS *fue galardonado con el Premio Provincia de Guadalajara de Poesía "José Antonio Ochaíta", convocado por la Diputación Provincial de Guadalajara;* ALAS PARA LOS ÁNGELES *fue finalista del Premio Fuentevaqueros, en la ciudad granadina del mismo nombre; y* LOS MÁRGENES REMOTOS, *el libro que tienen en sus manos, ha obtenido el "Ciega de Manzanares".*

Ahora, una vez asumidos los anchos horizontes que está alcanzando su obra, asiste a su propia e inevitable metamorfosis, a su crecimiento personal y al fortalecimiento de su poesía, que se sustenta de los aconteceres del día a día, de sueños, de anhelos, de las inquietudes del vivir diario, de algunas dudas y de muchas certidumbres.

LOS MÁRGENES REMOTOS *es un poemario de madurez, intenso, solvente, emotivo, donde la palabra se desnuda y nos deja ver su verdad poética, donde el autor mira de cerca el mundo y nos va articulando sus experiencias vitales, porque es la suya una poesía hecha de la propia esencia de la vida. En este libro no hallaremos artificio alguno ni adornos superfluos. Nada que distraiga la pulcritud y el equilibrio de sus versos. Se trata, por tanto, de una obra cuajada y madura que refleja en su totalidad la mirada del autor en torno a sí, a todo aquello que le es cercano.*

Es, sin duda, un libro de caminos seguros, de voz hecha, de oficio poético. Un poemario sencillo, desnudo y sincero que no es otra cosa que el camino que Jorge Pozo Soriano ha recorrido a pie para llegar al fondo de sí mismo.

Juana Pinés Maeso

LOS MÁRGENES REMOTOS

Pronto lo olvidarás todo, pronto serás olvidado.
MARCO AURELIO

Las sombras de la noche vienen
como dolor recordado.
LI SHANG YIN

La muerte no llega con la vejez, sino con el olvido.
GABRIEL GARCÍA MÁRQUEZ

INEXACTITUD

Nadie sabrá por mí lo que me pasa.
Me dejaré en los labios la sutura
para vivir por siempre en el silencio,
siguiendo aquel consejo de Confucio
que aún hoy es tan necesario.
Mis palabras no son lo que se espera.
Tan solo algún murmullo podría parecerse
al sonido interior en el que vivo:
un gruñido animal entre las formas
que quedaron expuestas tras mis ojos.
Ni siquiera sé yo lo que me ocurre.
Desconozco el motivo de mi llanto,
de mi inútil esfuerzo por querer
tener bajo control mis decisiones.
Esta inexactitud es la constante,
la apacible verdad de mi existencia.
Soy el vuelo perdido de los buitres.

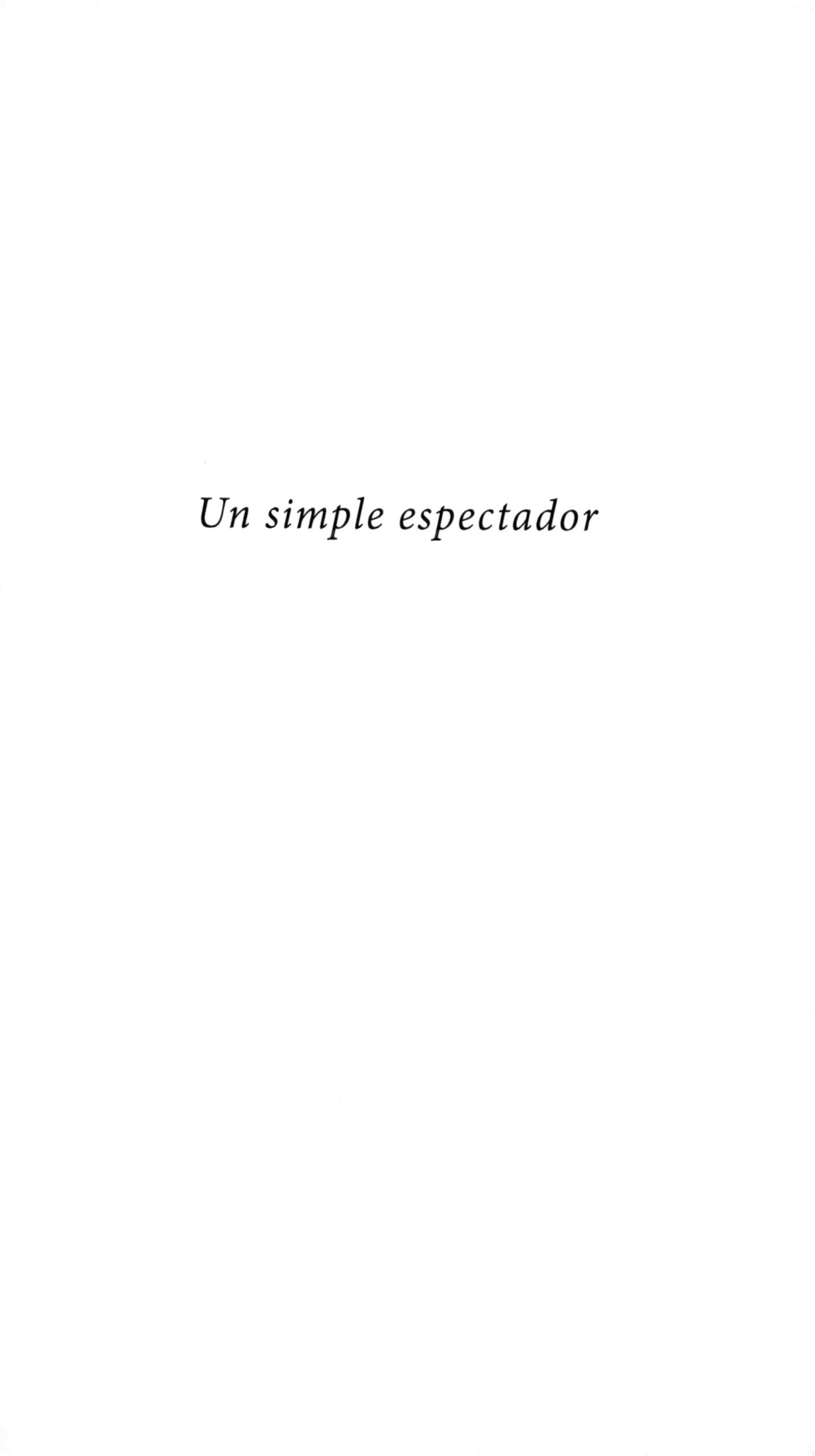

Un simple espectador

Muchas son las lagunas de mi memoria
ANTONIO MACHADO

AHÍ, DONDE SOY VULNERABLE

Es en el hueco de la sombra
donde yo habito.
En ese plano más oscuro aún,
más sediento, más lóbrego, más denso,
ahí mis cicatrices se preparan,
se abren por los bordes
hasta que el frío absorbe su materia.
Ahí me siento vulnerable.
Igual que en una cama de hospital
empujada por un desconocido,
observando las luces que se pierden
entre el ruido oxidado de las ruedas.
Sé muy poco de mí, aunque lo finja.
Aunque pueda contar todos mis éxitos,
esconder mis fracasos
e inventarme, quizá, alguna historia
que logre situarme
en el lugar más oportuno
y le reste importancia a todo cuanto dije,
a todo lo que pude hacer,
a cómo decidí, siempre en mi contra.
Ahora echo de menos un diario
donde poder buscar quién fui, el trazo
de mi caligrafía, los temblores
si escribí cuando estaba casi muerto,
si cedí al alcohol o a las pastillas.
Esa sería la mejor lectura.
Dejar de leer a filósofos
y olvidarme de los poetas.

Hacer un estudio profundo
de mi propia filosofía,
deshacerme de mis poemas, irme
por el mismo lugar por el que anduve
con el rumbo perdido, con los pies
ya casi en carne viva. No merezco
asustarme de nuevo ante el frío,
aunque se vuelva azul mi piel. Tan solo
quiero poder mirar atrás, pararme
en ese mismo sitio donde siempre
la tierra se deshace, donde ya no soporta
el peso de mis dudas y me absorbe.
Y poder detenerme ahí,
tan desnudo que apenas sienta el cuerpo.
Despedirme de todo cuanto tuve
y morir abrazado a mis carencias.

INACCESIBLE

y tú ya no eres tú
sino solo un lucero más sin nombre
dibujado en la esquina del raído presente
MARINA CASADO

Se me ha puesto el cuerpo como de espantapájaros.
Ahuyento con los brazos a personas
que no quieren de mí más que los restos,
que solo buscan hilos descosidos
para tirar de ellos hasta descomponerme.
Me he vuelto un poco así: inaccesible.
Más allá de la piel nadie me alcanza.
He sabido admitir todos mis límites
y cien mil sortilegios los mantienen sellados
para que nadie escarbe con sus uñas
hasta encontrar, de pronto, mis contornos.
Se me han puesto los dedos como de nigromante.
Me protejo de todo lo que resta
con hechizos que piden sangre, magia
que debe pagarse con vida.
Así es como soy ahora, alguien
que se oculta en los pliegues más oscuros,
en las negras dobleces de los bordes
que ceden a infiernos recónditos.
Así seré. No existe otra forma
que no implique morderse las costuras
hasta ver que los huesos han perdido el color,
el blanco virginal que imaginamos.

CAMINAR SIN MAPA

Estando tan perdido no se puede ser brújula
de quienes no se encuentran por miedo a la verdad,
por no vivir tal como sienten.
Asumir el engaño es más fácil.
Hacer como si no pasara nada.
Bloquear el latido. Desactivar la sístole
y lograr que el flujo sanguíneo
obstruya el corazón en un instante.
La cobardía es una culebra
que repta por los márgenes del tiempo;
una alimaña sin pulmones
que absorbe el aire de otras bocas;
un tiburón
con los dientes hambrientos de mordiscos.
Desde esta existencia ya sin norte
incluso caminar es arriesgado.
No queda valentía que permita
avanzar sin un mapa ante los ojos.

UNA MENTIRA MÁS

Yo no tengo la culpa de seguir siendo niño.
ANTONIO OTERO SECO

Si es cuestión de culpas, asumiré las mías.
Aceptaré las llagas como señal visible
de todo lo que hice mal,
de los actos de los que me arrepiento.
Por cada cicatriz, una promesa
que se fue diluyendo lentamente;
una palabra rota; una falsa
sensación de saberlo todo,
de tener las certezas en los labios;
una mentira más de tantas otras.
Si quise hacerme el fuerte, solo fue
para alejar cualquier dolor probable,
para evitar, al fin, tantas preguntas
—¿cómo estás?, ¿qué tal hoy?—
cuya respuesta estaba en mis ojeras.
Si crecí cuando no era el momento,
cuando no me tocaba, cuando aún
no me hablaban de usted, cuando mi pulso
resonaba con fuerza, no fue más
que un intento inútil por mi parte
de no asumir que ya no era un niño.
Sí, yo soy el causante de mis fobias.
Peter Pan estaría orgulloso.
Me perdí hace tanto que no supe
aceptar que los niños también mueren.

HUÉSPEDES

Mis poros están llenos de bacterias.
No se esconden y no son microscópicas
—perceptibles a simple vista—,
una condición más de lo que soy,
un rasgo de corporeidad
sumida en eternos martirios.
Se alimentan de mí y no lo ocultan.
Me muerden sin que yo les diga nada:
un simple espectador sin voz ni voto.
Ha de ser así. Sé que es inútil
tratar de despegarlas de la piel,
pues los poros serán de nuevo
habitados por otros huéspedes
con la misma voracidad, con ansias
de carroña —absorben mis fluidos
pensando que mi cuerpo no respira—.
¿Qué puedo hacer? Tan solo descubrir
los huecos que provocan, cómo viven
gracias a una sangre cada vez más etérea;
gracias a esta columna que apenas me sostiene.
Me vuelvo putrefacto. Me lleno de dolor
al mismo tiempo que vacío
de cualquier esperanza mi futuro.

SOBREVIVIR

Somebody to teach me to love,
somebody to help me rise above.
I need to survive…
MADONNA

Puede que ya no sepa cómo amar,
que sobrevivir sea lo primero
o que no necesite
pasar otra vez por lo mismo.
Quién sabe.
Quizá no haga falta
aprenderlo de nuevo;
insistir en las fórmulas
que no funcionaron;
abrazar nuevamente las afiladas cumbres
que ya me desgarraron las arterias.
Hemos fijado el cielo demasiado arriba.
Quedarnos fuera del Edén
no hace que seamos menos que la serpiente.

TODO CUANTO POSEO

Y nadie me encadene o me suicide
aportándome un nombre que no quiero.
MARILUZ ESCRIBANO PUEO

Aunque el nombre me fue dado, es mío
y es todo cuanto poseo.
Aunque me despojaran de mis escasos bienes,
me quedaría el nombre
cosido en cada pliegue corporal:
una conexión más con el mundo.
Nadie podrá arrebatármelo
ni cambiarlo por otro que no sea
el nombre que me dieron al nacer
(quizá, un poco antes),
y no admito epítetos posibles
ni títulos que sepan a mentira.
Seré mi nombre y nada más. El único
motivo para existir es poder ser nombrado.
Lejos de ahí, sería una imagen
sin solidez; la pulpa desechada
por lenguas animales; la razón
sin razón del sonido de los bosques.
Para no ceder al suicidio
alguien pronunciará mi nombre. Soy,
escuchad bien, un nombre, nada más.
Un nombre umbilicado a la memoria.

CIRUGÍA

Hay cuatro cicatrices en mi torso.
Cuatro heridas quirúrgicas que muestran
que el cuerpo es un lugar de ensayos.
Admite el bisturí como quien cede
a la muerte sin más complicaciones,
sin tratar de evitarla, con la paz de los cisnes:
sangrar es conocerse en la derrota.

PERMANENCIA SEGURA

Una casa sin muertos no es un lugar seguro.
EDUARDO HERRERA BAULLOSA

Como en esas películas
donde guardan cadáveres
detrás de las paredes
como si fueran parte de la casa,
como si fueran un fragmento más
— tal vez cimiento, tal vez viga—
incluido en los planos (simple arquitectura),
hoy mi casa se pudre poco a poco,
se funde en un aire de miseria.
Yo sigo dentro. Huelo la herrumbre
rojiza que gotea sin remedio,
sin que nada se oponga al recorrido
marcado por la sangre; sin que nadie
reclame el origen de los muertos.
Hay una sombra fría en cada muro,
un eco que se encierra en cada puerta,
un temblor aferrado a los armarios
donde reposan órganos sin nombre.
Y yo no puedo irme.
Yo también pertenezco a las cenizas
guardadas en frascos de especias. Soy
un esqueleto más, otro cadáver
cuyos huesos sostienen el débil equilibrio,
la balanza sin fiel que nos acoge.
Solo así una casa permanece.
Solo así es segura la existencia.

AUTORRETRATO

Sucumbiré al negro de la noche
sin más luz que la luz que aún se enciende
al final de galaxias ignoradas.
Buscaré las estrellas que atesoran
la evolución del universo,
las que fueron testigo celestial
de cómo se arruinó nuestro planeta.
Todos fuimos culpables del desastre.
No quisimos cumplir con nuestra dosis
de bondad. No supimos entender
que hay una luna en Júpiter
con un nombre de diosa —Filofrósine—,
opuesta a la maldad de Ate. Fuimos
nosotros, no la *hibris*, los que nunca
quisimos afrontar las consecuencias
de nuestros propios actos. Así somos.
No hay plaga más atroz que los humanos.

ESCRUTINIO

Estoy hecho de todo lo que he sido.
También de lo que duele todavía.
De cada cicatriz que me ha marcado
conservo el escozor. Nadie más sabe
por qué no las tapé, por qué las muestro
tal y como quedaron, sin temer
que volverlas a ver suponga
sangrar una vez más. No me preocupa
sentirme vulnerable. No soy fuerte
por huir del dolor,
lo soy por enfrentarlo, por mostrarme desnudo
ante ojos curiosos;
por exponerme al escrutinio,
a los dedos acusatorios,
al juicio que al final es la condena.
Recorro con el paso firme
los puentes destruidos por las lluvias.
No hay tormenta que borre mis huellas en el barro.

NO QUEDA ETERNIDAD

Ahora olvido los nombres que mejor conocía,
o unos con otros los confundo.
HELENA, YANNIS RITSOS

Apenas quedan nombres que sean, por sí solos,
el recuerdo tangible de algún momento único.
No queda eternidad en la memoria
salvo por un par de palabras,
dos o tres referencias que resisten
con estoicismo toda pesadumbre.
Nadie puede saber qué subterfugios
se convierten en islas paralelas
a las que habitamos algún día.
El silencio persiste en las paredes.
Se descosen los pasos del camino.
Apenas quedan huellas que secuestren los miedos.
Los cementerios saben de qué hablo.

LO INCUESTIONABLE

Miro atrás, como aquel que busca,
entre el gris de la noche, la verdad,
y mis ojos se empeñan en ridiculizarme.
No consigo ver nada.
—quizá prefiera estar bajo las sombras—.
Atrás es siempre menos, me repito,
como quien grita un mantra despiadado
que no alcanza a cumplir lo que promete:
cuántos falsos intentos de consuelo.
No me vale rezar. No creo en dioses
tan pasados de moda que no admiten
que sus dogmas no sirven para mucho
(para nada, más bien, para muy poco).
Avanzo por la vida sin la fuerza
que la experiencia —dicen— nos otorga,
y sigo siendo igual de necio, alguien
con las rodillas huecas y, los labios,
sin corteza que cubra su caricia.
Nada puedo decir más que silencios.
No sé aconsejar desde el vacío.
Miro atrás. Miro lejos. Miro fuera
de la capa de piel que nos recubre.
Miro con los ojos exhaustos
de quien no quiere ver nada. La noche,
igual de gris que siempre, es sinónimo
de todo lo contrario a la ortodoxia.
Mirar atrás y ver lo incuestionable:
atrás es siempre menos, no hay duda.
El día en que nacemos
no tiene ayer.

EL SUICIDIO DE LAS HADAS

Los poetas escribimos para estremecer y para estremecernos.
Rafael Soler, 24 de abril de 2022,
I Festival Internacional de Poesía de Moralzarzal

No existe poesía suficiente
para frenar esta dinámica
que me mantiene anclado al olvido.
No hay suficientes versos ni poetas
que puedan socorrerme, que eliminen
los gritos miserables de las gárgolas;
que puedan silenciar todas las voces;
que eviten el suicidio irrevocable
de todas las hadas del mundo.
El ruido que persiste contra su propio eco
—que hace estremecerse a los demonios
y desintegra el fuego de raíz—
es el mismo que crea pesadillas
en las que no soy más que un engaño,
un reflejo fugaz de lo incorpóreo.
Me gustaría ver más lejos; ser
de otra forma; ir donde me plazca
sin dar explicaciones; sortear,
por una vez, los traumatismos.
Pero sé que caeré, igual que Ícaro,
sin que ninguna isla pueda llevar mi nombre.

Ese que recuerdas

E il miglior ricordo che ci si può portare via è il ricordo di un giorno qualsiasi.

ELISABETTA GNONE

UN OCÉANO EN MEDIO DEL ABISMO

Sabrás más del ayer cuanto más vivas.
Más del dolor si mueres varias veces,
si llegas al infierno y te asomas
sin miedo a descubrir lo que allí nace:
un principio que nunca echa raíces,
un bucle árido y tenaz
y un océano en medio del abismo.
Tendrás una visión más acertada
de todo cuanto duele, de los cauces
en los que los latidos se detienen
para nunca vibrar sin argumentos.
Quedan pocos motivos para ver
más allá de los vértices primarios.
Quizás es mejor no saberlo todo
y vivir sin tener que sucumbir
al derrumbe absoluto del origen.

AL VOLVER

Es al volver.
Siempre es al volver cuando se escapan,
por un leve resquicio, por una simple grieta,
las razones por las que soportamos
todo lo que nos duele, todo lo insoportable.
Habitamos el mundo pensando en que volvemos
casi siempre ya tarde, casi siempre ya solos,
donde no quedan brazos, donde no hay facciones
que nos recuerden a las nuestras:
todo queda perdido en la distancia.
Y volvemos, de nuevo, aunque implique
volver también allí, donde la noche
ha vuelto a dejar flecos descosidos,
donde los agujeros se alimentan de ausencias.
Y no cambiamos nada, porque nada
espera ser cambiado. Revertir
hasta romper del todo la costumbre
nunca estuvo en los planes de quien muere.

SIN OPCIÓN DE RECONQUISTA

Miedo a perderlo todo,
incluso lo intangible; miedo
al abandono firme de los nudos
que mantienen los pies sobre la tierra.
Las raíces enmudecen, se parten
y no encuentran la sangre que conecte,
de nuevo, con aquello que se olvida.
Sienten, también, el miedo; han perdido
las ganas de volver a sus orígenes.
Prefieren desechar la opción
—por mínima, por dolorosa—
de cualquier reconquista, de volver
a luchar por los límites deshechos.
El hilo temporal se resquebraja.
Se rompe, ya no puede permitirse
mantener un extremo desligado.
Busca dónde agarrarse, dónde ir
a vaciar sus manos de memoria.

INTRUSO

No bastó con cerrar la puerta.
Las rendijas se hicieron excesivas
y dejaron entrar al inframundo.
¿Dónde estás cuando todo se derrumba?

HASTA SER POLVO

Hay que desenterrar los argumentos
que fueron silenciados en las guerras.
Sacar de las cunetas esas voces
muertas antes de tiempo, conservar
su tenue vibración
en los vientres rasgados de las madres.
Tanto polvo en las bocas y en los dientes.
Tanto cráneo roto hasta ser polvo.
Tantos muertos sin voz que no podrán
derrumbar con sus gritos las fronteras.

CUANDO TODO ERA LÍQUIDO

Sabes bien el lugar donde estuviste
cuando todo era líquido,
cuando las manos no agarraban
con firmeza ninguna otra mano,
y los pasos caían sobre lodo
y se hundían profundo hasta el abismo.
Sabes bien que no dices la verdad
a quien quiere saber de ti,
que tú no eres ese que recuerdas
con la leve certeza de las noches
en las que las auroras se escondían.
No podrás soportar tantos desiertos,
tantos vacíos llenos de nostalgia.
La soledad será esa promesa
que no querrás cumplir, el epitafio
de tus mentiras blancas como el hueso.

CANAS EN LAS PLUMAS

Las águilas más bellas
también seréis gusanos y flores malvas.
ANTONIO PRAENA

No volverás a ser ese vigor
que, hace tiempo, era incorruptible.
No volveremos
a ser como las aves con más fuerza,
con sus alas libres de polvo;
sus garras, con la sangre de sus víctimas.
¿Se habrán equivocado por efecto del Parkinson?
¿Hay canas en las plumas?
Volverás (volveremos) a escarbar con los picos
hasta que se manchen de rojo,
reconociendo ahí nuestros calvarios,
nuestras miserias,
la tristeza infinita de las aves que mueren
con las plumas tan limpias,
impolutos sus picos y sus garras,
pero su vuelo, roto; sin poder resolver
las sutiles incógnitas
que las atan, de nuevo,
a la inmutable urdimbre de su mundo.

LO IMPREVISIBLE

Cuánta muerte hay en ti y, sin embargo,
arrastras, también, sueños y memoria.
Cuánta desprotección y nadie sabe
que duermes con los ojos entreabiertos,
que el miedo te atormenta por las noches,
que saben más de ti quienes no quieren
saberlo todo siempre, los que evitan
obligarte a pensar lo que te ocurre.
Hay tanta imprecisión en tus palabras;
tanto frío en tus gestos; en tus labios,
tanta duda que no eres capaz
de entonar un discurso que se entienda.
No pretendas hacer lo que esperan de ti,
lo previsible, eso que no nace
de forma natural: no es tu estilo.
Seguirás separando los océanos
del fondo; escarbando en lo profundo
de la tierra. Serás lo que siempre fuiste,
aunque arrastres contigo al universo.

EL MISMO HORIZONTE

Quizá nos encontremos algún día
y no sabrás reconocerme.
No es que esté tan cambiado, pero tú
tendrás en la memoria otra imagen,
otra versión de mí que ya no existe,
un recuerdo borroso de mi esencia.
Podré ver la sorpresa en tus ojos.
Dudarás entre darme un abrazo,
estrecharme la mano o besar mis mejillas.
Yo esperaré.
Detendré el momento entre los dedos.
Te observaré, igual que te observaba
cuando nuestro horizonte era el mismo.
Decidirás, tal vez, en cuanto el aire
te devuelva mi olor en una ráfaga
de pasado que vuelve a hacerse sólido.
Acercarás tu cuerpo al mío, débil,
con la fragilidad de las libélulas,
tembloroso, con miedo, sin determinación;
y yo me contendré, sin más remedio,
para no decir todo lo que oculto
en esta nueva forma
que todavía no conoces.

TAMBORES DE GUERRA

Suenan, igual que otras veces,
tambores que reclaman voluntarios
dispuestos a inmolarse por causas imposibles,
y han llamado a nuestra puerta.
Con la luz apagada, la casa mortecina
y los pasos descalzos contra el suelo,
les hacemos pensar que ya nos fuimos,
que allí no vive nadie,
que solo se acumula polvo
detrás de las ventanas.
Pero allí siguen. Suenan los tambores
igual que en una procesión
sin asistentes. Llaman a la lucha.
No comprenden que somos dos cobardes
sin más valor que haber perdido el rumbo.

INOCENCIA IMPUESTA

ver cómo el pasado nos vuelve cautivos,
su hermosa ruina grabada en nuestra imaginación
NATASHA TRETHEWEY

Nadie asume los fallos primigenios.
Nosotros nunca somos los causantes
de lo que nos ocurre. Asumimos
lo que algunos pactaron con sus dioses
hace tanto que apenas se recuerda.
No queremos sentir lo que no es nuestro
y hacemos del perdón misericordia
igual que hiciste tú, nunca lo olvides,
no quieras evitar el purgatorio.
Caíste abatido. La mirada, perdida.
Pensaste que serías tú aquel
que tendría el bastón de mando;
que controlarías tus náuseas,
que serías capaz de alejarlas
con tu hermosa imaginación,
libertadora de tu cautiverio.
Pero, pasado el tiempo, te das cuenta
de que somos tan frágiles que siempre
dejamos expuestas las úlceras,
permitiendo la entrada de microbios
que no tienen pudor en devorarnos.
Las desgracias no llegan cuando somos
inconsistentes. Llegan cuando saben
que la mente se abre en canal,
absorbiendo los traumas uno a uno.
Las decisiones no son voluntarias.

Una impuesta inocencia nos controla
y nos ancla al pasado; nos impide
acumular errores, y la culpa
no puede caer sobre nuestros huesos.

FUNAMBULISTAS

Hay algo en el ayer, algo que encaja
sin apenas esfuerzo en la vía
desde donde se accede a los ritos
que conectan los flujos mnemotécnicos.
Algo que queda tan lejos que apenas
rozan los dedos; algo que se esconde
entre inmensos océanos de hielo.
Nunca más volverán aquellas tardes
en las que era fácil vencer a un dolor
incapaz de quebrar la infancia:
un grito inaudible, un eco sordo.
Ahora, las distancias son barrancos
por los que se pasean los demonios
con sus alas minúsculas,
sus bocas plagadas de dientes,
sedientos de la sangre que han perdido.
En esos mismos límites del mundo,
entre nubes de lluvia y relámpagos,
nuestros pasos también siguen la hebra
—deshilachada ya— de nuestras dudas.
Un alambre más propio de los funambulistas,
tan fino que no aguanta nuestro peso,
tan sutil que no puede con la carga.
Un pie tras otro pie.
La lentitud a cuestas.
Unos dientes clavándose con ansia
y un reguero de sangre mezclado con la lluvia
que toca tierra bajo nuestros pasos.

MISERICORDIA

Lo que nunca regresa es lo más doloroso.
JOAN MARGARIT

Han abierto las puertas al dolor.
Las han dejado así durante horas,
abiertas por completo, reuniendo visitantes
que no saben que de allí no saldrán tan fácilmente.
Se cuelan como ácaros debajo de la piel,
en la raíz del cuerpo desprovisto de fuerzas,
y permanecen cerca los unos de los otros,
buscando compañía a través de los miedos.
Llegaron solos. Solos, como hienas
persiguiendo el olor de otros cadáveres,
buscando qué llevarse a la boca.
Solo estás también tú.
Acobardado. Lejos de tu hogar,
de esas ruinas frágiles que un día
quisieron acoger tu pesadumbre.
No conoces a nadie.
Todos los rostros tienen idénticas facciones.
No sabes distinguir quién tiembla;
qué carne es más gris; qué pies se clavan
en la profundidad; qué manos piden,
como los vagabundos,
una limosna.
Miras alrededor y no comprendes
por qué nunca regresan los recuerdos,
por qué la muerte es siempre tan precisa
y ataca cuando somos vulnerables.

RECOGER LA ESENCIA

¿Dónde están los cimientos que se tuercen
bajo el peso silente de los muertos?
¿Dónde está el cordón que nos conecta
con sangre de una sangre tan lejana
que apenas es ya nuestra sangre?
¿Dónde los nombres de las lápidas,
ilegibles después de tantas manos
queriendo recoger la esencia
de quienes la perdieron, cayendo en el olvido?
¿Dónde nosotros?
Justo antes de irnos, ¿dónde?

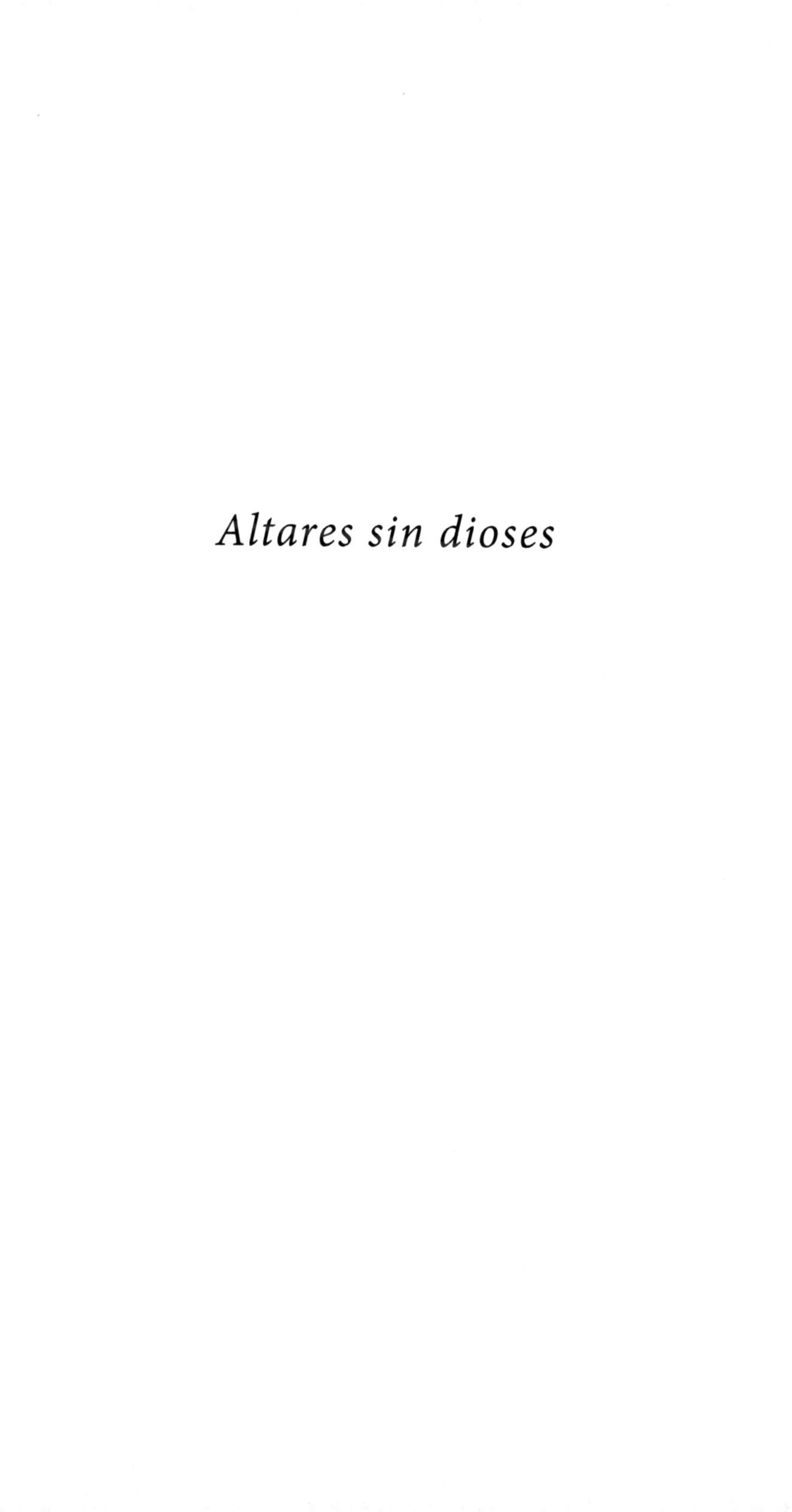

Altares sin dioses

Dios es ausencia. Dios es la soledad del hombre.

JEAN PAUL SARTRE

AGNOSTICISMO

Ha cambiado de piel el alegato
que siempre hice en contra del destino.
Tuve que hacerme agnóstico
y guardar los cuchillos bajo llave.
De todo lo que quise solo queda
—raído y huérfano—
un destello sutil,
un aroma al final de los silencios,
el grito hecho carne que reclama
que, si existe algún dios,
sepa de tu existencia
y conozca tu nombre.

TODO RUINA

Ni siquiera los posos, ni los restos
de una vida frágil de memoria
resisten al olvido que supone
huir lejos de casa, el exilio
impuesto al que somete la distancia.
Y todo ruido.
Un silencio que envuelve las promesas
hasta volverlas polvo. Todo ruina
que agrieta los cristales
y se incrusta detrás de las palabras.
Nadie conocerá lo suficiente.
Nadie podrá saber lo necesario.
Ni siquiera los restos, ni los posos
de la frágil memoria de la vida
resistirán al fuego del destierro.
Las huidas son formas de fracaso.
Caminos que no tienen vuelta
donde los cuervos,
con un hambre voraz,
se alimentan del oro de los ríos
y se beben sus aguas;
dejan sin sangre
las arterias del mundo,
los posos, los restos, la esencia
de todo cuanto debe retenerse.

ÚLTIMAS VOLUNTADES

Hágase tu voluntad, pero a mi manera.
Hace tiempo que fuiste destronado,
que tus leyes no son definitivas
más allá de los márgenes remotos,
perdidos tras perder el Paraíso.
Deja, ahora,
que los hombres creemos nuevas leyes
sin pedirte permiso, sin tener
el peso de tu cruz sobre los hombros.
Deja que los errores sean nuestros
y líbranos del mal que nos dejaste.

LA MUERTE

La muerte, ¿qué será?
La pienso, y me aterra.
Con sus ojos tan negros, y su piel amarilla,
y ese lento silencio que rodea su rostro.
Cuántas veces el filo de su vieja guadaña
habrá visto en nosotros el terror
cuando nos damos cuenta de que no se irá sola,
de que nunca se va sola, y hacemos
un gesto de renuncia, un último saludo.
Y la luz se evapora. Y el aire se derrite.
Y nosotros, sumisos, le cogemos la mano.

CORRIENTES DE LODO

It is a thousand pities never to say what one feels.
VIRGINIA WOOLF

Búsqueda fría en aguas sin mareas,
en corrientes inmóviles de lodo
y sedimentos viejos que limitan
el lento trascurrir de los recuerdos.
Algunos se dejan morir
atando piedras al bolsillo.
Ya nadie podrá comprar flores
salvo en el caso
de que sean para adornar
su propia tumba.

SIN ANCLAS EN LA CARNE

en el fondo el olvido es un gran simulacro
MARIO BENEDETTI

No podemos saber qué nos espera
al llegar al final. Nadie lo sabe.
Los creyentes dirán que el cielo eterno
será aquel lugar donde las almas
(qué concepto tan fútil y vacío)
podrán vagar sin anclas en la carne.
Los que solo creemos en los ojos
y en aquello que ven encontraremos
un lugar en el fondo de la tierra
después de haber dejado escrito el epitafio.
Creyentes o no, nadie es capaz
de acertar cuando piensa qué sucede al morir.
Yo prefiero pensar, aunque no sea cierto,
que la vida es un simulacro
que hemos de cumplir para en la muerte
no estar ciegos, poder andar seguros
entre aquellos a quienes más quisimos.

SERES ITINERANTES

Vagamos por desiertos infinitos
siempre solos, sin nadie que nos diga
que todo saldrá bien, que no seremos
engullidos por hordas de escorpiones.
Los oasis no llegan.
No son parte del juego, se confunden
con imágenes lúgubres de muerte
—nuestra muerte— sin nada que temer,
pues nadie asistirá al tanatorio.
Seguimos caminando por inercia,
rodeados de arena en la que hundir
un paso y otro paso. Una ruta
sin final es la única posible.
Caminar sin tener un dónde,
un para qué, un hacia quién. No somos
más que parte del polvo respirado.
El corazón del círculo
que sobrevuela el cóndor. Una forma
que queda en el vacío. Esa ley
que nadie cumple. Cuándo llegarán
los escorpiones. Qué mandíbulas
acogerán al ser que ya no vive,
al ser itinerante que no sabe
por qué vaga perdido, la razón
por la que nadie lo acompaña
en sus últimos días. Nada queda
salvo esperar con calma la derrota.
Ser, por fin, la ceniza que se suma
a todas las cenizas de los muertos.

TODO BAJO EL CIELO

No sé para qué tanto cementerio.
ANTONIO GAMONEDA

Todos arrodillados ante altares sin dioses,
mirando con tristeza hacia el cielo
sin encontrar la luz de su existencia.
Rezamos como único alivio,
sin alcanzar
que alguien preste oído a las plegarias.
Lo que hay sobre los seres humanos
es igual de terrenal que cualquier cementerio.

MUNIN

¿Dónde están esos cuervos
que me susurran hechos al oído?
¿Por qué no vuelan ya?
¿Por qué ya no se posan en mis hombros
ni suenan sus graznidos como voces
de poetas en medio de la nada?
Los necesito más que nunca
ahora que no sé si es de día,
que tengo cansados los labios,
que ya no quedan lobos cerca.
Es en la soledad. Es en la angustia
de no tener a nadie cuando el cuerpo se tuerce
despojado de toda consistencia.
Es en ese momento, justo ahí,
cuando el alma nos sobra,
ese es el instante que esperamos
sin que lobos ni cuervos nos auxilien,
sin que sus cuerpos sean el escudo
que ha de protegernos de los dioses.
En ese último suspiro,
un trueno parte el mundo en dos mitades.
Un aullido en la noche se diluye
hasta hacer del silencio la costumbre.

APENAS QUEDAN LÁGRIMAS

Apenas quedan lágrimas. Ya nada
de lo que tuvimos perdura.
Se secan las raíces de La Tierra.
Se drenan los océanos y ríos,
salvo aquel cuyas aguas
han de beber los muertos
como el inicio de su nueva vida.
Es tarde. Ya no hay sitios posibles
que acojan en sus brazos la memoria.

LAS MANOS DE ÁTROPOS

Cuando ya nada sea nuestro
salvo, quizás, un par de dentelladas
que se niegan a ser algo distinto,
¿en qué podremos pensar para no suicidarnos?
¿Tendremos conexiones suficientes
con lo que ya no existe?
¿Silenciaremos todo lo que aúlle?
Es probable que nunca llegue el día,
que el juicio final nunca nos reclame
las deudas que adquirimos
cuando nosotros éramos
quienes tomaban decisiones
—qué equivocados estábamos—.
¿Qué haremos entonces? ¿Qué remedio
encontraremos frente a la tortura
de no saber por qué,
de no saber por quién vivimos hoy,
cuando ya nada es nuestro y el aliento
aguarda las manos de Átropos,
sus inevitables tijeras,
para convertirlo en el último.
¿Qué podremos hacer cuando muramos
y aún estén abiertos nuestros ojos?

DESALIENTO

Desprovisto de aliento, te retuerces
como una alimaña moribunda
que solo vive un par de noches.
Has vuelto otra vez a tus andadas,
a caminar sin pies, a arrastrarte
dejando tras de ti tu purulencia.
Lo único que habrá cuando no existas
será algún epitafio deslucido,
un par de flores secas en tu lápida,
unas manos desnudas de recuerdos.
A lo lejos no quedan horizontes.
Un par de alas caen desunidas
de su cuerpo. Renuncian a su voz
los escorpiones. Mueren las luciérnagas.
Claudica el árbol milenario
tras perder su última hoja.

JURAMENTO

Una taza de té, un juramento
que impida recordar, que nos detenga
si seguimos el hilo que nos une
de algún modo fatal a lo que fuimos.
Queda poco en lo que creer
si los propios dioses se encargan
de arrancar la memoria de quienes ya no viven.

LAS LÁGRIMAS DE MENG PO

Ha llegado tu hora, vieja astuta.
Se te caerán las manos en tu último golpe.
Vomitarás los dientes sobre el barro.
Se pudrirán tus ojos
y todas esas lágrimas
quedarán sepultadas bajo el suelo,
bajo un lecho infecto de alimañas.
Has cubierto de duelo tantas tardes
que absorbiste la noche, que rompiste
el débil equilibrio de los amaneceres,
de los días que huelen a renuncia.
Mueres por voluntad ajena,
abandonada por los tuyos,
con tu propósito
muy lejos del alcance de tus dedos.
Conocerás el dolor en tu carne vencida,
y nunca olvidarás un solo grito.

Índice

UN SIMPLE ESPECTADOR

ESE QUE RECUERDAS

ALTARES SIN DIOSES

Esta obra
se acabó de imprimir
con los auspicios de
Charo Fierro y
Antonio J. Huerga, editores.

FINIS CORONAT OPUS

PREMIOS NACIONALES DE POESÍA "CIEGA DE MANZANARES"

I PREMIO 2002, ***Celebración de lo escondido***
CARLOS BAOS GALÁN

II PREMIO 2003, ***Los caprichos de Ceres***
EZEQUÍAS BLANCO

III PREMIO 2004, ***Los sitios y los dones***
RICARDO BERMEJO ÁLVAREZ

IV PREMIO 2005, ***El periplo del topo***
ANTONIO SOLER GONZÁLEZ

V PREMIO 2006, ***Los espejos de Ulises***
JOSÉ MARÍA DE JUAN ALONSO

VI PREMIO 2007, ***Las letras pequeñas***
ANTOLÍN AMADOR CORONA

VII PREMIO 2008, ***Night Club para alumnas aplicadas***
BERTA GARCÍA FAET

VIII PREMIO 2009, ***Desterrados***
FRANCISCA GATA AMATE

IX PREMIO 2010, ***Poemas de los Cudriales***
JOSÉ ÁNGEL LOSADA GAHETE

X PREMIO 2011, ***El don de la batalla***
MARÍA LUISA MORA ALAMEDA

XI PREMIO 2012, *Peligro, perros sueltos*
Jesús María Cormán

XII PREMIO 2013, *Claroscuro para escribir un cuadro*
Cristina Cocca

XIII PREMIO 2014, *Los nombres y los días*
Darío Frías Paredes

XIV PREMIO 2015, *Principio de incertidumbre*
Santos Domínguez Ramos

XV PREMIO 2016, *Dirás que fue mentira*
María Pilar Domínguez Toscano

XVI PREMIO 2017, *¿Qué hace un ramo de flores bajo el sol?*
Adolfo Burriel Borque

XVII PREMIO 2018, *AULLADA (o la metamorfosis del canto)*
Margarita Otero Álvarez

XVIII PREMIO 2019, *Contradecir Distancias*
Juan Carlos González Pujalte

XIX PREMIO 2020, *Materia Prima*
Santiago Redondo Vega

XX PREMIO 2021, *La mitad del recuerdo*
Juan Carlos de Lara

XXI PREMIO 2022, *Una muerte íntima*
Teresa Núñez González